Ventas consultivas: transformar transacciones en asociaciones duraderas

Copyright © 2024 Reginaldo Osnildo
Reservados todos los derechos.

PRESENTACIÓN

Bienvenido al mundo de la venta consultiva, donde cada interacción con el cliente no es solo una transacción, sino una oportunidad para construir una asociación duradera y de confianza. Estás a punto de embarcarte en un viaje que transformará tu forma de vender y, más importante aún, la forma en que te relacionas con tus clientes. Este libro es una invitación para que usted, un profesional de ventas, actualice sus técnicas y estrategias para alinearse con las demandas del mercado actual, altamente competitivo y en constante evolución.

Aquí encontrará no sólo una sólida base teórica sobre la venta consultiva, sino también estrategias prácticas que han sido moldeadas y refinadas para adaptarse a las nuevas realidades del mundo empresarial.

Este libro es el resultado de una investigación profunda y de una experiencia práctica, y fue escrito con un propósito claro: hacer que el conocimiento sea accesible y aplicable. Tú, el lector, eres el protagonista de esta obra. Cada capítulo fue escrito con el objetivo de brindarle las herramientas que necesita para convertirse no solo en un vendedor, sino en un verdadero consultor para sus clientes. El libro no sólo instruye, sino que también dialoga con usted, fomentando la reflexión sobre cómo estas prácticas pueden integrarse en su estilo personal de ventas y adaptarse a las necesidades únicas de sus clientes.

Prepárate para explorar el siguiente capítulo, donde comenzaremos nuestro recorrido por el universo de las ventas consultivas, definiendo qué son y en qué se diferencian significativamente de las ventas tradicionales. Este conocimiento será la base sobre la que construiremos todas las estrategias posteriores. ¿Está listo para transformar sus ventas en asociaciones estratégicas y consultivas? Entonces, ¡pasa página y comencemos!

Tuyo sinceramente

Reginaldo Osnildo

INTRODUCCIÓN A LAS VENTAS CONSULTADAS

La venta consultiva es mucho más que simplemente vender un producto o servicio. Este enfoque transforma la dinámica de ventas tradicional al centrarse en crear una relación significativa entre el vendedor y el cliente. Aquí usted no es sólo un proveedor, sino un socio estratégico que comprende profundamente las necesidades, los desafíos y los objetivos del cliente. La venta consultiva se basa en el diálogo, la adaptación y la confianza mutua, donde se cocrea valor a través de la colaboración entre vendedor y cliente.

El concepto de venta consultiva surgió como respuesta a las limitaciones de las ventas transaccionales, que a menudo tratan el proceso de venta como un simple intercambio de bienes a cambio de un pago. Por el contrario, la venta consultiva se caracteriza por un proceso más profundo y personalizado, que implica comprender y resolver problemas reales de los clientes. La atención se centra en identificar y satisfacer las necesidades específicas del cliente, a menudo antes de que el cliente las haya reconocido por completo.

EN QUÉ SE DIFEREN LAS VENTAS CONSULTADAS DE LAS VENTAS TRADICIONALES

- **Orientación al cliente** : Mientras que la venta tradicional se centra en el producto, la venta consultiva se centra en el cliente. El objetivo principal es entender el problema que el cliente necesita resolver para luego ofrecer una solución que realmente satisfaga esa necesidad.

- **Relación a largo plazo** : La venta consultiva tiene como objetivo establecer una relación a largo plazo con el cliente, que sea beneficiosa para ambas partes. Esto se logra a través de un compromiso continuo con la satisfacción y el éxito del cliente, yendo más allá de la simple transacción.

- **Proceso de venta complejo** : el proceso de venta consultivo suele ser más complejo y requiere más tiempo que el proceso de venta tradicional, ya que implica generar confianza y personalizar la oferta según las necesidades del cliente.

- **Educación y consultoría** : En las ventas consultivas, actúas como consultor y educador. Parte de tu trabajo es educar al cliente sobre cómo tu producto o servicio puede resolver un problema específico o mejorar su negocio.

- **Creación de valor** : El enfoque consultivo se centra en la creación de valor para el cliente, lo que muchas veces resulta en soluciones más costosas pero más efectivas y beneficiosas a largo plazo. Esto contrasta con las ventas tradicionales, donde la atención puede centrarse más en el precio y menos en el valor añadido.

Al adoptar la venta consultiva, no sólo aumenta sus posibilidades de éxito en las ventas, sino que también aumenta la percepción de los clientes sobre el valor de su oferta. Esto se traduce en mayores índices de satisfacción y fidelidad del cliente, así como en una posición competitiva más sólida en el mercado.

Al comprender qué es la venta consultiva y en qué se diferencia de la venta tradicional, estará más preparado para adoptar este poderoso enfoque. Ahora que comprende los fundamentos, está listo para explorar cómo desarrollar la mentalidad adecuada para ser eficaz en las ventas consultivas. En el próximo capítulo, profundizaremos en la mentalidad consultiva, un componente crucial para transformar la forma de vender y construir relaciones duraderas con sus clientes.

Prepárese para abrir su mente y profundizar su comprensión en el siguiente capítulo, donde exploramos los matices de la mentalidad consultiva y cómo se puede cultivar para transformar sus interacciones de ventas en valiosas consultorías. ¿Emprendamos este viaje juntos?

LA MENTALIDAD CONSULTA

Adoptar una mentalidad consultiva es esencial para cualquier profesional que quiera sobresalir en la venta consultiva. Esta mentalidad va más allá de simples técnicas de venta; abarca un enfoque filosófico que pone al cliente en el centro de todas las decisiones. Exploremos cómo se puede desarrollar esta mentalidad y por qué es crucial para el éxito en la venta consultiva.

¿QUÉ ES LA MENTALIDAD CONSULTA?

La mentalidad consultiva es una forma de pensar que enfatiza la comprensión profunda de las necesidades del cliente, la empatía, la ética y la colaboración. Requiere que usted, como vendedor, se vea a sí mismo como un consultor que ayuda al cliente a resolver problemas, no simplemente como alguien que vende productos o servicios. Este enfoque requiere la voluntad de invertir tiempo y esfuerzo para comprender y resolver los puntos débiles de los clientes y construir una relación de confianza que trascienda la transacción inmediata.

CARACTERÍSTICAS DE LA MENTALIDAD CONSULTA

- **Empatía** : Ponte en el lugar del cliente para comprender verdaderamente sus necesidades y desafíos.

- **Escucha activa** : Escuche con atención y participación, captando no sólo las palabras, sino también el contexto y las emociones detrás de ellas.

- **Centrarse en las soluciones** : Pensar en cómo solucionar los problemas, en lugar de limitarse a vender un producto. Esto implica un análisis detallado de las necesidades del cliente y la personalización de soluciones que satisfagan esas necesidades de manera efectiva.

- **Integridad y transparencia** : Ser honesto acerca de lo que su solución puede y no puede hacer por el cliente, construyendo una relación basada en la confianza.

- **Paciencia y perseverancia** : Entender que algunos procesos de venta pueden ser largos y que es necesario mantener el foco en la relación a largo plazo con el cliente.

¿POR QUÉ ES IMPORTANTE LA MENTALIDAD CONSULTA?

Adoptar una mentalidad consultiva le permite diferenciarse en un mercado competitivo. En un mundo donde muchos productos y servicios se consideran mercancías, la capacidad de aportar valor a través de un enfoque consultivo es una ventaja competitiva significativa. Además, esta mentalidad fomenta la lealtad de los clientes y aumenta las posibilidades de renovaciones y recomendaciones comerciales, ya que los clientes tienden a conectarse más con marcas e individuos que muestran un verdadero interés en ayudarlos a alcanzar sus objetivos.

Desarrollar una mentalidad consultiva es un proceso continuo que requiere dedicación, reflexión y práctica. Al fortalecer esta mentalidad, podrá conectarse con sus clientes de una manera más significativa, creando no solo ventas, sino asociaciones duraderas basadas en el respeto mutuo y la colaboración efectiva.

¿Estás listo para aplicar esta mentalidad y aprender más sobre tus clientes de una manera profunda y efectiva? En el próximo capítulo, exploraremos cómo conocer a su cliente puede transformar la forma en que realiza las ventas. Juntos, descubriremos técnicas para comprender las necesidades y desafíos de su cliente, proporcionando la base para una asociación verdaderamente consultiva y estratégica. ¿Seguimos nuestro viaje?

CONOCER A TU CLIENTE

En el corazón de la venta consultiva está la capacidad de comprender profundamente quiénes son sus clientes. Este capítulo lo guiará a través del proceso de conocer no sólo los hechos superficiales sobre sus clientes, sino también sus motivaciones más profundas, sus desafíos y cómo perciben el mundo. Aprender a descifrar estos elementos es crucial para transformar transacciones simples en asociaciones estratégicas duraderas.

¿POR QUÉ CONOCER A TU CLIENTE ES CRUCIAL?

- **Personalización** : cuanto más sepa sobre sus clientes, más podrá adaptar sus soluciones a sus necesidades específicas. Esto no sólo aumenta la eficacia de su solución, sino que también demuestra al cliente que realmente valora su negocio.

- **Anticipar las necesidades** : Comprender a tu cliente te permite anticipar problemas o necesidades que él mismo quizás aún no se haya dado cuenta. Esto lo convierte en un socio proactivo, alguien que aporta soluciones incluso antes de que los problemas se hagan evidentes.

- **Generar confianza** : cuando los clientes ven que usted realmente comprende sus necesidades y desafíos, es más probable que confíen en usted. La confianza es la base de cualquier relación a largo plazo y es especialmente importante en la venta consultiva.

- **Mejora continua** : al conocer bien a sus clientes, puede continuar mejorando y ajustando sus ofertas para brindarles un mejor servicio con el tiempo, lo que puede generar negocios repetidos y referencias.

CÓMO CONOCER PROFUNDAMENTE A TU CLIENTE

- **Investigación** : Antes de reunirte con un cliente, haz tu tarea. Esto incluye investigar no sólo la empresa, sino también la industria en la que operan y los desafíos específicos que enfrentan.

- **Escucha activa** : Durante las interacciones con los clientes, practique la escucha activa. Esto significa prestar atención no sólo a lo que se dice, sino también a lo que se omite y a las señales no verbales.

- **Haga preguntas profundas** : además de las preguntas estándar, haga preguntas que animen al cliente a pensar y revelen más sobre sus verdaderos desafíos y necesidades.

- **Comentarios continuos** : establezca un proceso para recibir comentarios periódicos, lo que le permitirá ajustar sus enfoques y soluciones en función de lo que funcione mejor para el cliente.

- **Utilice CRM de manera eficiente** : los sistemas de gestión de relaciones con el cliente (CRM) son herramientas vitales para mantener información detallada sobre las interacciones, preferencias e historial de compras de los clientes, que se pueden utilizar para personalizar interacciones futuras.

Conocer a su cliente no es una tarea que se completa una vez y se marca como realizada; es un proceso continuo que se profundiza a medida que crece la relación. Al tomarse el tiempo para comprender verdaderamente a sus clientes, se posicionará como un asesor esencial para ellos, no solo como un vendedor.

¿Listo para profundizar aún más su capacidad para construir relaciones sólidas y de confianza? En el próximo capítulo, exploraremos estrategias para construir y mantener relaciones de confianza con los clientes, esenciales para la venta consultiva. Continúe su viaje con nosotros y transforme su enfoque de ventas en una verdadera asociación estratégica. ¿Seguimos adelante?

CONSTRUYENDO RELACIONES DE CONFIANZA

La confianza es la columna vertebral de la venta consultiva. Este capítulo está dedicado a explorar cómo se pueden construir y mantener relaciones de confianza, transformando las interacciones de ventas en asociaciones duraderas y beneficiosas. Aquí aprenderá estrategias prácticas que podrá aplicar de inmediato para comenzar a fortalecer sus vínculos con los clientes.

LA IMPORTANCIA DE LA CONFIANZA EN LAS VENTAS CONSULTADAS

Generar confianza no es sólo una buena práctica de ventas; Es esencial para la supervivencia y el crecimiento a largo plazo en el entorno empresarial actual. Relaciones basadas en la confianza:

- **Facilitan negociaciones abiertas y honestas** , que pueden conducir a mejores acuerdos para ambas partes.

- **Fomentar la fidelidad del cliente** , lo que se traduce en repetición de negocios y menor sensibilidad al precio.

- **Aumente la probabilidad de recibir recomendaciones** , ya que es más probable que los clientes satisfechos y confiados recomienden sus servicios a otros.

CÓMO CONSTRUIR RELACIONES DE CONFIANZA

- **Coherencia y previsibilidad** : muestre a sus clientes que pueden contar con usted para ser consistente y confiable. Cumpla lo que promete y esté siempre disponible para apoyarlos.

- **Honestidad y transparencia** : Sea transparente sobre los beneficios y limitaciones de sus productos o servicios. La comunicación honesta es crucial para establecer y mantener la confianza.

- **Empatía y comprensión** : Demostrar empatía y hacer un esfuerzo genuino por comprender las inquietudes y necesidades del cliente. Demuestre que no sólo le importa la venta, sino también el éxito y el bienestar del cliente.

- **Proactividad** : Anticipar las necesidades del cliente y ofrecer soluciones antes de que las soliciten. Esto demuestra que está atento y comprometido con la asociación.

- **Respeto por el tiempo y los recursos del cliente** : Valora el tiempo de tus clientes tanto como valoras el tuyo. Sea eficiente en sus comunicaciones y reuniones, y asegúrese de que cada interacción les agregue valor.

- **Comentarios periódicos** : establezca un diálogo continuo con sus clientes para obtener comentarios. Utilice esta información para mejorar continuamente el servicio que ofrece, demostrando que valora su opinión y está comprometido a adaptar sus soluciones a sus necesidades cambiantes.

Las relaciones de confianza no se construyen de la noche a la mañana. Requieren paciencia, dedicación y un compromiso continuo con la excelencia y la integridad en todas las interacciones. Al adoptar las estrategias presentadas en este capítulo, estará bien equipado para desarrollar y mantener relaciones que no sólo resistan la prueba del tiempo sino que también sean mutuamente beneficiosas y satisfactorias.

¿Listo para llevar tus habilidades de venta consultiva al siguiente nivel? En el próximo capítulo, profundizaremos en las técnicas de escucha activa, una habilidad esencial para cualquier vendedor consultivo que quiera comprender y satisfacer verdaderamente las necesidades de sus clientes. Continúe con nosotros en este viaje y descubra cómo mejorar aún más su capacidad para construir asociaciones duraderas. ¿Vamos juntos en esto?

ESCUCHA ACTIVA

La escucha activa es una de las habilidades más importantes en la venta consultiva. Este capítulo lo guiará a través de técnicas efectivas para mejorar sus habilidades de escucha activa, asegurando que comprende no solo lo que dice su cliente, sino también lo que realmente quiere decir y necesita. La escucha activa le permite identificar oportunidades para profundizar la relación y personalizar sus soluciones de manera más efectiva.

¿QUÉ ES LA ESCUCHA ACTIVA?

La escucha activa es el proceso de escuchar con plena atención, comprender el mensaje del orador y responder de una manera que promueva el entendimiento mutuo. No se limita a escuchar las palabras dichas, sino que implica interpretar el contexto, los sentimientos y las necesidades subyacentes.

¿POR QUÉ ES IMPORTANTE LA ESCUCHA ACTIVA EN LAS VENTAS CONSULTADAS?

- **Comprensión profunda** : le ayuda a comprender no sólo las necesidades explícitas del cliente, sino también sus preocupaciones y motivaciones no expresadas.

- **Construcción de relaciones** : Demuéstrale al cliente que valoras sus opiniones y que realmente te preocupas por satisfacer sus necesidades, fortaleciendo la relación.

- **Identificación de oportunidades** : Permite identificar oportunidades para ofrecer soluciones adicionales que el cliente quizás no haya considerado inicialmente.

- **Resolución de problemas** : Facilita la identificación y resolución de problemas de forma eficaz, lo que puede mejorar la satisfacción y fidelización del cliente.

TÉCNICAS PARA MEJORAR LA ESCUCHA ACTIVA

- **Mantener plena atención en el cliente** : durante las conversaciones, evitar distracciones. Concéntrese completamente en lo que dice el cliente sin planificar su respuesta mientras habla.

- **Utilice un lenguaje corporal positivo** : muestre interés y apertura a través de su lenguaje corporal. Asiente con la cabeza, mantén el contacto visual y adopta una postura abierta y receptiva.

- **Reflexionar y aclarar** : Reflexiona periódicamente sobre lo dicho para asegurarte de haber entendido correctamente. Utilice frases como "Si entendí correctamente, usted está diciendo que..." para confirmar su comprensión.

- **Haga preguntas pertinentes** : haga preguntas que profundicen su comprensión de las necesidades y deseos del cliente. Las preguntas abiertas son especialmente útiles para animar al cliente a hablar más sobre sus inquietudes.

- **Evitar interrumpir** : Permitir que el cliente hable sin interrupciones. Mostrar paciencia puede animarlo a compartir información más detallada e importante.

- **Resumir y confirmar** : al final de la conversación, resuma los puntos principales y confirme los próximos pasos para garantizar que ambas partes estén alineadas.

Mejorar sus habilidades de escucha activa es un paso fundamental para convertirse en un consultor de ventas eficaz. Al implementar estas técnicas, estará mejor equipado para comprender las verdaderas necesidades de sus clientes, construir relaciones más sólidas y brindar soluciones que realmente marquen la diferencia.

¿Listo para profundizar aún más sus habilidades de venta consultiva? En el próximo capítulo, exploraremos el poder de las preguntas poderosas para descubrir las necesidades reales de los clientes y fortalecer aún más sus habilidades de venta consultiva. ¿Avancemos juntos en este camino?

PREGUNTAS
PODEROSAS

Dominar el arte de hacer preguntas poderosas es esencial para cualquier vendedor que aspire a transformar transacciones simples en asociaciones de consulta profundas. Este capítulo se centra en cómo puede utilizar preguntas estratégicas para ir más allá de las respuestas superficiales, permitiéndole descubrir las verdaderas necesidades y deseos de sus clientes. Exploremos técnicas que le ayudarán a abrir nuevas posibilidades y fortalecer sus relaciones de ventas.

EL VALOR DE LAS PREGUNTAS PODEROSAS

Las preguntas poderosas son aquellas que provocan pensamiento, alientan la reflexión y llevan a los clientes a considerar sus situaciones bajo una nueva luz. Son esenciales porque:

- **Revelar información valiosa** : Las preguntas bien formuladas pueden sacar a la luz necesidades y problemas que ni siquiera el cliente había identificado del todo.

- **Fortalecer las relaciones** : Al mostrar un interés genuino en las inquietudes y aspiraciones de los clientes, fortalece la confianza y la lealtad.

- **Facilitar la personalización de la solución** : Comprender profundamente lo que el cliente realmente necesita le permite personalizar sus soluciones de manera más efectiva.

- **Establecerle como consultor** : Preguntas poderosas demuestran su competencia y su compromiso de ofrecer no sólo productos, sino soluciones verdaderas y adaptadas.

TIPOS DE PREGUNTAS PODEROSOS

- **Preguntas abiertas** : estas preguntas facilitan respuestas más detalladas y son cruciales para iniciar un diálogo en profundidad. Los ejemplos incluyen "¿Qué cree que impide que su negocio alcance su máximo potencial?" o "¿Cómo imaginas la solución ideal a este problema?"

- **Preguntas de exploración** : Utilice estas preguntas para profundizar en un punto concreto o para explorar las emociones y motivaciones del cliente. Por ejemplo, "¿Puede darme un ejemplo de cuándo esto fue un problema?" o "¿Cómo afecta esto a tu equipo?"

- **Preguntas reflexivas** : Estas preguntas animan al cliente a pensar y reflexionar sobre su situación actual y futura. Preguntas como "¿Qué pasaría si no hicieras nada al respecto?" o "¿Dónde ves tu negocio dentro de cinco años?"

- **Preguntas de confirmación** : Se utilizan para garantizar que se comprende correctamente la situación o necesidad del cliente. "Entonces, si entendí correctamente, estás buscando una solución que pueda hacer X e Y, ¿correcto?"

ESTRATEGIAS PARA HACER PREGUNTAS PODEROSAS

- **Haga su tarea** : cuanto más sepa sobre el cliente y su negocio antes de una reunión, más específicas e impactantes podrán ser sus preguntas.

- **Escuche activamente** : utilice lo que aprendió en el capítulo anterior para escuchar realmente las respuestas del cliente, lo que puede brindarle información sobre qué preguntas hacer a continuación.

- **Mantén la curiosidad** : cultiva una actitud de curiosidad genuina. Interésate genuinamente en las respuestas del cliente, sin apresurarte a vender tu producto.

- **Adáptese al flujo de la conversación** : prepárese para cambiar sus preguntas según la dirección que vaya la conversación. La flexibilidad puede conducir a descubrimientos importantes.

Las preguntas poderosas son una herramienta crucial en el arsenal de cualquier vendedor consultivo. Abren puertas y crean las bases para relaciones de confianza y colaboración. Al perfeccionar su capacidad para formular preguntas estratégicas, se posicionará como un asesor indispensable para sus clientes.

¿Está listo para personalizar soluciones que satisfagan las necesidades exactas de sus clientes? En el siguiente capítulo, exploraremos cómo puede personalizar soluciones de manera efectiva, garantizando que sus ofertas sean tan únicas como los desafíos que enfrentan sus clientes. ¿Continuamos en este viaje de transformación?

PERSONALIZACIÓN DE SOLUCIONES

La capacidad de personalizar soluciones que satisfagan las necesidades exactas de sus clientes es una de las características distintivas de la venta consultiva. En este capítulo, exploraremos cómo puede desarrollar soluciones personalizadas que no solo resuelvan los problemas de los clientes sino que también agreguen un valor significativo a su negocio. La personalización va más allá de la simple adaptación de productos; es un enfoque holístico que considera todos los aspectos de la situación del cliente.

LA IMPORTANCIA DE LA PERSONALIZACIÓN EN LA VENTA CONSULTA

- **Diferenciación competitiva** : En un mercado saturado, la capacidad de ofrecer soluciones personalizadas puede diferenciar a su empresa de la competencia.

- **Mayor satisfacción del cliente** : las soluciones que satisfacen con precisión las necesidades del cliente tienden a generar una mayor satisfacción y lealtad.

- **Mejores resultados para el cliente** : las soluciones personalizadas son más efectivas porque están diseñadas específicamente para resolver los problemas únicos del cliente.

- **Relaciones a largo plazo** : al demostrar un compromiso con la necesidad específica del cliente, se fortalece la relación y se fomenta el compromiso continuo.

ESTRATEGIAS PARA PERSONALIZAR SOLUCIONES

- **Comprender profundamente las necesidades del cliente** : utilice las técnicas de escucha activa y las preguntas poderosas analizadas en capítulos anteriores para obtener una comprensión profunda de los desafíos del cliente.

- **Involucrar al cliente en el proceso de desarrollo** : Hacer del cliente un socio en el proceso de creación de la solución. Esto no sólo garantiza que la solución sea relevante y personalizada, sino que también aumenta el compromiso y la satisfacción del cliente.

- **Utilizar tecnología y herramientas adecuadas** : Emplear tecnologías que permitan flexibilidad y personalización en las soluciones. Las herramientas de análisis de datos y CRM pueden ofrecer información valiosa que ayuda a personalizar las soluciones.

- **Comentarios y ajustes continuos** : La personalización no termina con la entrega de la solución. Mantenga una línea de comunicación abierta para recibir comentarios y esté preparado para hacer los ajustes necesarios.

Personalizar soluciones requiere creatividad, empatía y un compromiso continuo con la excelencia en el servicio al cliente. Al tomarse el tiempo para comprender y satisfacer las necesidades específicas de cada cliente, no solo mejorará la efectividad de sus soluciones, sino que también fortalecerá la posición de su empresa como líder intelectual y socio confiable.

¿Listo para explorar las técnicas necesarias para negociar estas soluciones personalizadas? En el próximo capítulo, analizaremos estrategias de negociación avanzadas en ventas consultivas, esenciales para garantizar que ambos lados de la mesa ganen. ¿Continuemos juntos en este viaje transformador?

NEGOCIACIÓN EN VENTAS CONSULTADAS

La negociación es un componente crítico en la venta consultiva, no sólo como un medio para cerrar acuerdos, sino como una forma de consolidar las relaciones y garantizar que ambas partes obtengan un valor significativo y sostenible. Este capítulo cubrirá estrategias de negociación esenciales que pueden utilizarse para garantizar que sus soluciones personalizadas no sólo sean aceptadas, sino también valoradas por el cliente, reforzando la asociación y la confianza mutua.

FUNDAMENTOS DE LA NEGOCIACIÓN CONSULTA

La negociación en ventas consultivas difiere significativamente del estilo tradicional de negociación porque se centra menos en ganar la discusión y más en encontrar una solución que beneficie a ambas partes. Estos son los fundamentos que guían el comercio consultivo:

- **Centrarse en soluciones win-win** : Buscar acuerdos que ofrezcan beneficios claros para ambas partes, fortaleciendo la relación en el largo plazo.

- **Transparencia** : Mantener una comunicación abierta sobre las capacidades y limitaciones de las soluciones propuestas.

- **Flexibilidad** : esté preparado para adaptar su oferta a medida que evolucionen las necesidades y los comentarios de los clientes.

- **Escucha activa** : utilice sus habilidades de escucha activa para comprender las preocupaciones y prioridades del cliente y negociar en consecuencia.

ESTRATEGIAS DE NEGOCIACIÓN EFICACES EN VENTAS CONSULTADAS

- **Preparación** : Antes de iniciar una negociación, esté bien preparado con toda la información sobre el cliente y sus necesidades, así como los detalles de su oferta.

- **Creación de valor** : enfatice cómo su solución satisface o supera las necesidades del cliente de maneras que otras soluciones no pueden . Utilice datos, testimonios y estudios de casos para reforzar su argumento.

- Uso de concesiones estratégicas : determine de antemano qué concesiones puede hacer que sean de bajo costo para usted pero de alto valor para el cliente.

- Establecer expectativas : tenga claro lo que puede ofrecer y esté preparado para explicar cómo su solución puede requerir compromisos o adaptaciones.

- Cierre colaborativo : Involucrar al cliente en el proceso de cierre puede ayudar a garantizar que todas las partes estén alineadas y satisfechas con el acuerdo propuesto.

Negociar eficazmente en un contexto de ventas consultivo requiere una combinación de preparación, empatía y estrategia centrada en el cliente. Al implementar estas técnicas, no sólo podrá cerrar más ventas, sino también fortalecer la relación cliente-vendedor, transformando las negociaciones en oportunidades para profundizar la asociación.

¿Listo para llevar la gestión de relaciones con los clientes a un nuevo nivel? En el siguiente capítulo, exploraremos cómo utilizar las herramientas de CRM para respaldar sus estrategias de venta consultiva mientras mantenemos un enfoque en la personalización y la satisfacción del cliente. Síganos para descubrir cómo integrar eficazmente la tecnología y las relaciones en sus ventas consultivas.

GESTIÓN DE RELACIONES CON EL CLIENTE (CRM)

La tecnología Customer Relationship Management (CRM) es un aliado crucial en la venta consultiva. Este capítulo cubrirá cómo utilizar eficazmente las herramientas CRM para maximizar sus ventas, personalizar la comunicación y mantener una relación de calidad con sus clientes. Exploremos las mejores prácticas y estrategias para integrar CRM en el proceso de ventas consultivas.

EL PAPEL DEL CRM EN LAS VENTAS CONSULTADAS

CRM no es sólo una herramienta para organizar la información de contacto; es un sistema integral que puede gestionar y analizar las interacciones con los clientes durante todo el ciclo de vida de la relación. Estos son los principales beneficios de utilizar CRM en ventas consultivas:

- **Centralización de la información** : Mantiene toda la información del cliente en un lugar accesible, facilitando el seguimiento y personalización de las interacciones.

- **Análisis de datos** : proporciona información valiosa sobre los patrones de compra, las preferencias de los clientes y el historial de interacción, lo que le permite personalizar sus ofertas.

- **Comunicación mejorada** : ayuda a garantizar que todas las comunicaciones con los clientes sean coherentes y relevantes, lo que mejora la eficacia general de las ventas.

CÓMO UTILIZAR CRM PARA MEJORAR LAS VENTAS CONSULTADAS

- **Segmentación de clientes** : utilice CRM para segmentar clientes en función de criterios como industria, tamaño, comportamiento de compra y necesidades específicas. Esta segmentación le permite crear ofertas más personalizadas que tienen más probabilidades de satisfacer las expectativas de los clientes.

- **Registro de interacciones** : documente todas las

interacciones con los clientes en el sistema CRM. Esto incluye llamadas, correos electrónicos, reuniones y comentarios, lo que garantiza que no se pierda detalles importantes y pueda brindar un servicio más considerado y personalizado.

- **Automatización de tareas** : Automatiza tareas recurrentes como seguimientos y envío de agradecimientos o correos electrónicos informativos. Esto ayuda a mantener la eficiencia y le permite centrarse en aspectos más estratégicos de la venta consultiva.

- **Análisis e informes** : utilice las funciones de análisis de CRM para evaluar la efectividad de sus estrategias de ventas y realizar los ajustes necesarios. Los informes detallados pueden ayudar a identificar tendencias, medir la satisfacción del cliente y optimizar los procesos de ventas.

- **Integración con otras herramientas** : Integre su CRM con otras herramientas como plataformas de marketing, herramientas de análisis de datos y software de gestión financiera. Esta integración puede proporcionar una visión más completa del cliente y mejorar la coordinación entre los diferentes departamentos.

Invertir en una herramienta CRM sólida y saber cómo utilizarla de forma eficaz puede transformar significativamente su enfoque de ventas consultivas. Al facilitar la personalización, la comunicación y la gestión de datos, CRM no solo mejora la eficiencia sino que también le ayuda a construir relaciones más sólidas y duraderas con los clientes.

¿Listo para profundizar aún más tus conocimientos en ventas consultivas? En el siguiente capítulo, exploraremos cómo educar eficazmente a sus clientes sobre sus productos o servicios, un componente esencial para facilitar la decisión de compra y fortalecer la confianza en la relación. ¡Continúa con nosotros en este viaje transformador!

EDUCACIÓN Y DEMOSTRACIÓN DE PRODUCTOS

La educación del cliente es una parte clave de la venta consultiva. Este capítulo explora cómo se puede utilizar la educación sobre productos o servicios como herramienta estratégica para generar confianza y respaldar el proceso de decisión del cliente. Al educar a sus clientes, no sólo informa, sino que también agrega valor al demostrar el potencial real de sus soluciones para satisfacer sus necesidades específicas.

LA IMPORTANCIA DE LA EDUCACIÓN AL CLIENTE EN LAS VENTAS CONSULTADAS

Educar al cliente va más allá de simplemente presentar las características y beneficios del producto. Implica:

- **Comunicar valor** : Mostrar cómo el producto o servicio puede resolver un problema o mejorar un proceso en el negocio del cliente.

- **Desarrollar confianza** : al proporcionar información clara y procesable, usted establece su empresa como un recurso confiable y un socio invertido en el éxito del cliente.

- **Facilitar las decisiones de compra** : los clientes bien informados están en mejores condiciones de tomar decisiones de compra que estén alineadas con sus necesidades y objetivos comerciales.

ESTRATEGIAS PARA EDUCAR EFECTIVAMENTE A TUS CLIENTES

- **Personalice la educación del cliente** : adapte su contenido educativo a las necesidades específicas de su cliente. Utilice los datos recopilados a través de su CRM para personalizar presentaciones y materiales de manera que resuenen con los problemas y desafíos específicos de los clientes.

- **Utilice diferentes formatos** : combine múltiples formatos de contenido, como videos, seminarios web, folletos y demostraciones en vivo, para adaptarse a diferentes estilos de aprendizaje y aumentar la participación del cliente.

- **Demostraciones prácticas** : Siempre que sea posible, ofrezca demostraciones prácticas del producto, que permitan al cliente ver cómo funciona la solución en un entorno real o simulado. Esto puede resultar particularmente eficaz para superar las objeciones y reforzar el valor del producto.

- **Talleres educativos** : organice talleres o sesiones de capacitación que no solo presenten el producto sino que también enseñen algo de valor que el cliente puede aplicar independientemente de la compra.

- **Materiales de soporte** : proporcione materiales de soporte detallados que los clientes puedan llevar consigo. Estos materiales deben ser fáciles de entender y ricos en información útil que refuerce el mensaje y el valor de su solución.

- **Comentarios continuos** : después de las sesiones educativas, recopile comentarios para comprender cómo puede mejorar las sesiones futuras y qué información fue más valiosa para los clientes.

La educación del cliente es esencial para el éxito en la venta consultiva. Al invertir tiempo para educar a sus clientes sobre sus productos y servicios, no solo aumenta la transparencia y la confianza, sino que también establece una base sólida para relaciones duraderas y asociaciones estratégicas. Con clientes bien informados, las posibilidades de satisfacción y lealtad a largo plazo aumentan significativamente.

¿Listo para seguir adelante? En el próximo capítulo, cubriremos técnicas de cierre consultivo que garantizan la satisfacción del cliente y fomentan relaciones a largo plazo. Continuemos este viaje para transformar sus ventas en verdaderas asociaciones consultivas.

CIERRE CONSULTIVO

El cierre consultivo es un aspecto crucial de la venta consultiva, donde el objetivo no es sólo completar una venta, sino garantizar que el cierre genere beneficios duraderos para ambas partes. Este capítulo explorará estrategias efectivas para cerrar ventas de una manera que refuerce la confianza y fomente la continuidad de la relación comercial.

LA IMPORTANCIA DE UN CIERRE CONSULTIVO

El cierre consultivo difiere significativamente del cierre tradicional porque busca crear una experiencia de compra positiva y una base para futuras interacciones. Eso incluye:

- **Validación del cliente** : Asegurar que todas las dudas del cliente queden aclaradas y que se sientan seguros en su decisión de compra.

- **Respeto por el proceso de toma de decisiones del cliente** : Reconocer que cada cliente puede tener un proceso de toma de decisiones diferente y adaptar el enfoque de cierre a esas necesidades específicas.

- **Promoción de relaciones duraderas** : Ver cada cierre de venta como un paso hacia una relación continua, no como un final.

ESTRATEGIAS EFICACES PARA EL CIERRE CONSULTIVO

- **Resumen de beneficios** : Reitere los beneficios de su solución, enfatizando cómo satisfacen las necesidades específicas previamente discutidas con el cliente. Esto ayuda a reforzar la relevancia de la solución y la decisión del cliente.

- **Términos flexibles** : Ofrezca términos flexibles cuando sea posible, como términos de pago ajustables o paquetes personalizados, que pueden facilitar la decisión de compra para el cliente.

- **Utilice preguntas finales** : utilice preguntas que impulsen la acción, como "¿Cree que esta solución podría mejorar la eficiencia de su proceso?" o "¿Le gustaría comenzar con este proyecto la próxima semana?"

- Minimización de riesgos : Reducir los riesgos percibidos por el cliente ofreciendo garantías o periodos de prueba. Esto puede aumentar la confianza del cliente en su decisión de compra.

- Confirmación suave : en lugar de presionar para lograr un cierre definitivo, utilice una confirmación suave que le permita al cliente sentir que está eligiendo continuar, como "¿Cómo le gustaría proceder si decide que esta es la solución adecuada para usted?"

El cierre consultivo es un arte que equilibra la persuasión con la sensibilidad a las necesidades del cliente. Al implementar estas estrategias, no sólo aumentará las posibilidades de completar ventas con éxito, sino que también sentará las bases para una asociación duradera basada en el respeto mutuo y la satisfacción continua.

¿Estás listo para hacer un esfuerzo adicional y continuar construyendo esa valiosa relación? En el próximo capítulo exploraremos la importancia de la retroalimentación y el seguimiento postventa, esenciales para mantener y profundizar la relación con el cliente. Quédate con nosotros para conocer cómo estos elementos son fundamentales en la venta consultiva.

RETROALIMENTACIÓN Y SEGUIMIENTO

Después de cerrar una venta, el trabajo del vendedor consultivo está lejos de terminar. La retroalimentación y el monitoreo continuo son esenciales para mantener y fortalecer las relaciones con los clientes, asegurando no solo una satisfacción continua, sino también abriendo puertas a futuras oportunidades comerciales. Este capítulo explora cómo implementar un sistema de retroalimentación eficaz y estrategias de seguimiento que lo beneficien tanto a usted como a sus clientes.

¿POR QUÉ SON CRUCIAL LA RETROALIMENTACIÓN Y EL SEGUIMIENTO?

- **Garantía de satisfacción** : El seguimiento ayuda a garantizar que el cliente está satisfecho con la solución adquirida y que cumple con las expectativas creadas durante el proceso de venta.

- **Identificación de nuevas necesidades** : Mantener un contacto periódico permite identificar nuevas necesidades que puedan surgir a medida que evoluciona el negocio del cliente.

- **Fomentar la lealtad del cliente** : los clientes que sienten que sus proveedores están genuinamente interesados en su éxito tienden a ser más leales y propensos a repetir el negocio.

ESTRATEGIAS EFICACES DE RETROALIMENTACIÓN Y SEGUIMIENTO

- **Establecer un plan de seguimiento** : Establecer un cronograma de contacto posventa regular, que podría incluir llamadas, visitas, correos electrónicos o reuniones virtuales, según la preferencia del cliente.

- **Implementar encuestas de satisfacción** : Utilizar herramientas de encuestas para recopilar comentarios sobre la satisfacción del cliente con el producto o servicio y el proceso de venta. Esto no sólo proporciona datos valiosos sino que también muestra al cliente que usted valora su opinión.

- **Ofrecer soporte proactivo** : no espere a que el cliente informe un problema. Ofrezca soporte proactivo, verificando si todo va bien y si hay algo que pueda hacer para ayudar.

- **Utilice CRM para seguimiento** : mantenga registros de todas las interacciones en el sistema CRM. Esto ayudará a personalizar el seguimiento, garantizando que no se pierda ninguna información importante y que cada interacción sea relevante y útil.

- **Crear oportunidades de Upsell y Cross-Sell** : basándose en los comentarios de los clientes y las necesidades emergentes, identifique oportunidades para ofrecer productos o servicios adicionales que puedan beneficiar al cliente.

EJEMPLO PRÁCTICO

Supongamos que vende sistemas de software. Después de la implementación, puede programar una serie de sesiones de capacitación y revisiones periódicas para asegurarse de que el cliente esté utilizando el software de manera efectiva. Durante estas sesiones, podrá descubrir necesidades adicionales que pueden satisfacerse con actualizaciones o nuevos módulos, aportando más valor al cliente y generando nuevas ventas.

La retroalimentación y el seguimiento son componentes fundamentales de la venta consultiva, transformando cada venta en un punto de partida para una relación duradera. Al implementar estas estrategias, no sólo aumentará la satisfacción del cliente sino que también sentará una base sólida para futuras oportunidades comerciales.

¿Listo para profundizar aún más sus habilidades de venta consultiva? En el próximo capítulo, analizaremos cómo identificar y desarrollar las habilidades necesarias para ser eficaz en la venta consultiva. Quédese con nosotros en este viaje de crecimiento continuo y éxito a largo plazo.

FORMACIÓN Y DESARROLLO DE HABILIDADES

Para tener éxito en la venta consultiva, no basta con comprender el producto o servicio que ofrece; Es fundamental poseer y perfeccionar un conjunto de habilidades que le permitan interactuar eficazmente con los clientes y comprender profundamente sus necesidades. Este capítulo se centra en cómo identificar y desarrollar estas habilidades esenciales, garantizando que esté preparado para realizar ventas consultivas de alto nivel.

HABILIDADES CRUCIALES EN VENTAS CONSULTADAS

- **Escucha activa** : como se exploró anteriormente, la capacidad de escuchar activamente es fundamental para comprender verdaderamente las necesidades y deseos de los clientes.

- **Empatía** : La capacidad de ponerse en el lugar del cliente, entendiendo sus retos e inquietudes, no sólo a nivel empresarial, sino también a nivel personal.

- **Comunicación efectiva** : la capacidad de comunicar claramente sus ideas y valorar soluciones de una manera que resuene en el cliente.

- **Resolución de problemas** : Capacidad de pensar creativamente a la hora de resolver problemas, ofreciendo soluciones que satisfagan eficazmente las necesidades específicas del cliente.

- **Negociación** : Habilidades para negociar no sólo los términos del contrato, sino también para gestionar las expectativas y encontrar soluciones que beneficien a todas las partes involucradas.

- **Gestión de relaciones** : Capacidad para desarrollar y mantener relaciones sólidas y duraderas con los clientes.

ESTRATEGIAS PARA DESARROLLAR ESTAS HABILIDADES

- **Formación formal** : Invertir en cursos de formación profesional puede ser una excelente manera de desarrollar habilidades específicas de venta consultiva.

- **Mentoría y coaching** : trabajar con un mentor o coach que tenga experiencia en venta consultiva puede proporcionar un aprendizaje valioso y una orientación personalizada.

- **Práctica regular** : dado que muchas habilidades de ventas se perfeccionan con la experiencia, es fundamental buscar oportunidades para practicar estas habilidades en situaciones del mundo real.

- **Feedback continuo** : Solicitar feedback periódicamente, tanto de clientes, compañeros y superiores, puede ayudar a identificar áreas de mejora y confirmar puntos fuertes.

- **Autoevaluación y reflexión** : tomarse un tiempo periódicamente para reflexionar sobre las interacciones con sus clientes y el éxito de las ventas puede ayudarle a comprender qué funciona bien y qué se puede mejorar.

EJEMPLO DE PLAN DE DESARROLLO

Suponga que desea mejorar sus habilidades de negociación. Tú podrías:

- Participar en un taller especializado en técnicas de negociación.

- Practicar escenarios de negociación con compañeros o un coach.

- Solicite comentarios específicos después de cada sesión comercial real.

- Estudiar casos de éxito en negociación para comprender diferentes estrategias y estilos.

Desarrollar habilidades efectivas de venta consultiva es un proceso continuo que requiere dedicación y compromiso. Al identificar las habilidades que necesitan desarrollo e implementar estrategias para mejorarlas, se posicionará como un profesional de ventas consultivo altamente competente y confiable.

¿Listo para ver cómo estas habilidades se traducen en éxito práctico? Al centrarse en comprender los desafíos del cliente y proponer soluciones personalizadas y eficaces, el vendedor consultivo se establece como un socio indispensable para el éxito del cliente.

¿Listo para superar las objeciones y continuar ampliando sus habilidades de venta consultiva? En el próximo capítulo, exploraremos estrategias efectivas para manejar y superar las objeciones durante el proceso de venta consultiva. ¡Continúa tu viaje de aprendizaje con nosotros!

SUPERAR LAS OBJECIONES

Superar las objeciones es una parte natural e inevitable del proceso de venta consultiva. Este capítulo se centra en cómo identificar, comprender y responder eficazmente a las objeciones de los clientes, convirtiendo las barreras potenciales en oportunidades para profundizar la relación comercial y solidificar la confianza.

ENTENDIENDO LAS OBJECIONES

Las objeciones surgen por diversas razones, a menudo como expresión de preocupación o incertidumbre por parte del cliente con respecto a la propuesta ofrecida. Pueden estar relacionados con el costo, la idoneidad del producto, la incertidumbre sobre el ROI (retorno de la inversión) o incluso la resistencia al cambio. Comprender la naturaleza y el origen de la objeción es crucial para poder responder a ella de manera efectiva.

ESTRATEGIAS PARA SUPERAR LAS OBJECIONES

- **Escucha activa** : Antes de responder a una objeción, es fundamental asegurarse de comprender realmente la preocupación del cliente. La escucha activa también demuestra respeto y consideración por los sentimientos y opiniones del cliente.

- **Validar la inquietud del cliente** : Reconocer y validar la objeción del cliente. Esto no significa estar de acuerdo, sino demostrar que entiendes de dónde vienen y que sus preocupaciones son importantes para ti.

- **Responder con información** : Muchas objeciones se pueden superar proporcionando información adicional que el cliente quizás no tenga. Esto podría incluir datos sobre la efectividad del producto, testimonios de otros clientes o estudios de casos relevantes.

- **Reformular la objeción** : a menudo, una objeción revela una oportunidad para reformular la propuesta de una manera que se alinee mejor con las necesidades y deseos del cliente. Esto puede implicar resaltar diferentes aspectos del producto o servicio que pueden no haber sido evidentes inicialmente.

- Ofrecer una demostración o prueba : Si es posible, ofrece una demostración o período de prueba para que el cliente pueda comprobar por sí mismo cómo el producto o servicio puede solucionar su problema.

- Crear un sentido de urgencia : si la objeción está relacionada con la vacilación a la hora de tomar una decisión inmediata, puedes ayudar a crear un sentido de urgencia destacando el coste de no actuar o los beneficios inmediatos que se pueden perder.

EJEMPLO PRÁCTICO

Supongamos que un cliente se opone al coste de un software que usted vende, argumentando que es demasiado caro. Puede responder resaltando cómo el software puede aumentar la eficiencia, reducir los costos operativos a largo plazo y ofrecer un retorno de la inversión que haría que el costo inicial pareciera insignificante. Además, podría ofrecer opciones de pago flexibles o resaltar características específicas que ofrezcan un valor adicional que otros productos de la competencia no tienen.

Superar las objeciones es una habilidad esencial en la venta consultiva y requiere práctica, paciencia y una comprensión profunda de las necesidades e inquietudes del cliente. Al abordar las objeciones estratégicamente, no sólo aumenta las posibilidades de cerrar una venta, sino que también fortalece la relación de confianza con el cliente.

¿Listo para explorar cómo medir el éxito y el impacto de sus estrategias de ventas consultivas? En el próximo capítulo, analizaremos métodos eficaces para evaluar y optimizar sus prácticas de ventas consultivas. ¡Sigue mejorando tus habilidades con nosotros!

MEDICIÓN DEL ÉXITO EN VENTAS CONSULTADAS

Evaluar el éxito en las ventas consultivas va más allá del simple cálculo de las ventas y los ingresos. Este capítulo explora cómo puede medir el impacto y la eficacia de sus estrategias de ventas consultivas, utilizando métricas que reflejen tanto el desempeño de las ventas como la profundidad y salud de las relaciones con los clientes.

IMPORTANCIA DE LA MEDICIÓN DEL ÉXITO

Medir el éxito en la venta consultiva es esencial para:

- **Evaluar la efectividad de las estrategias** : determinar qué tácticas están funcionando y cuáles necesitan ajustes.

- **Justificar la inversión** : demostrar el retorno de la inversión (ROI) de sus actividades de ventas a las partes interesadas internas.

- **Mejorar continuamente el rendimiento** : utilice conocimientos basados en datos para perfeccionar los enfoques y técnicas de ventas.

MÉTRICAS PARA MEDIR EL ÉXITO EN VENTAS CONSULTADAS

- **Tasa de conversión de ventas** : Mide la efectividad de convertir prospectos en clientes de pago, lo que puede indicar la efectividad de sus técnicas de cierre y la calidad de sus interacciones iniciales.

- **Valor de por vida del cliente Valor (CLV)** : Evalúa el valor total que un cliente aporta a la empresa a lo largo del tiempo. Un CLV alto sugiere que la estrategia de ventas está creando relaciones duraderas y rentables.

- **Satisfacción del cliente** : Medido a través de encuestas de satisfacción, NPS (Net Promoter Score) o comentarios directos, este indicador refleja qué tan bien se están satisfaciendo las necesidades de los clientes.

- **Tasa de retención de clientes** : indica el porcentaje de clientes que permanecen en la empresa después del primer acuerdo. Las altas tasas de retención son una señal de relaciones sólidas y satisfactorias con los clientes.

- Costo de Adquisición de Clientes (CAC) : Calcula el costo total involucrado en la adquisición de nuevos clientes. En las ventas consultivas, un CAC más alto puede estar justificado por el enfoque más personalizado y el potencial de un CLV más alto.

- Tiempo promedio para cerrar : Mide cuánto tiempo se tarda, en promedio, en cerrar un trato después del primer contacto con un cliente potencial. Esto puede ayudar a evaluar la eficiencia de los procesos de ventas y el impacto de diferentes técnicas de negociación.

ESTRATEGIAS PARA MEJORAR LAS MÉTRICAS DE ÉXITO

- Mejora continua : Utilizar datos y comentarios para identificar áreas de mejora continua, ajustando estrategias y procesos según sea necesario.

- Capacitación y desarrollo : invierta en capacitación continua para su equipo de ventas para garantizar que todos estén equipados con las habilidades necesarias para ejecutar ventas consultivas efectivas.

- Enfoque en las relaciones : Priorizar el desarrollo de relaciones a largo plazo, no solo ventas a corto plazo. Esto puede implicar profundizar el conocimiento sobre las necesidades del cliente y personalizar las soluciones.

Medir el éxito en la venta consultiva requiere un enfoque multifacético que considere tanto métricas financieras como indicadores de satisfacción y lealtad del cliente. Al comprender y aplicar estas métricas, no sólo podrá justificar el valor de la venta consultiva, sino también seguir perfeccionando sus estrategias para obtener resultados aún mejores.

¿Listo para integrar aún más sus estrategias de ventas con sus estrategias de marketing? En el siguiente capítulo, exploraremos cómo alinear las ventas consultivas con las estrategias de marketing para maximizar los resultados e impulsar el crecimiento. ¡Continúe su viaje para convertirse en un experto en ventas consultivas!

INTEGRANDO VENTAS Y MARKETING

La integración efectiva entre los equipos de ventas y marketing es crucial para el éxito de la venta consultiva. En este capítulo se analizará cómo puede alinear estas dos funciones para crear un enfoque coherente que amplíe el alcance de sus iniciativas y maximice el impacto en el mercado.

LA IMPORTANCIA DE LA INTEGRACIÓN DE VENTAS Y MARKETING

La colaboración entre ventas y marketing permite:

- **Mensajes consistentes** : Asegura que todas las comunicaciones con el mercado estén alineadas, reforzando la marca y la propuesta de valor de la empresa.

- **Generación de leads calificados** : Marketing puede utilizar insights de ventas para crear campañas que atraigan leads más alineados con el perfil del cliente ideal.

- **Optimización de recursos** : Evita la duplicación de esfuerzos y asegura que ambos departamentos estén trabajando con los mismos objetivos y métricas.

ESTRATEGIAS PARA ALINEAR VENTAS Y MARKETING

- **Establecer objetivos compartidos** : establezca objetivos claros que ambos departamentos puedan comprender y ser corresponsables, como el número de clientes potenciales calificados, la tasa de conversión y el crecimiento de los ingresos.

- **Comunicación regular** : celebre reuniones periódicas entre equipos para discutir el progreso, compartir conocimientos de los clientes y ajustar las estrategias según sea necesario.

- **Contenido personalizado** : utilice la información recopilada por el equipo de ventas sobre las necesidades y los puntos débiles de los clientes para crear contenido de marketing que se dirija directamente a los puntos de interés de los compradores potenciales.

- Uso de tecnología integrada : adopte CRM y herramientas de automatización de marketing que le permitan compartir información fácilmente entre equipos, lo que ayudará a realizar un seguimiento de la participación del cliente y la eficacia de la campaña.

- Formación cruzada : Fomentar una formación que permita a los miembros de cada equipo comprender mejor los roles y desafíos del otro lado, promoviendo una mayor empatía y colaboración.

EJEMPLO PRÁCTICO

Supongamos que una empresa de software está lanzando un nuevo producto. Marketing crea una campaña centrada en las características técnicas del producto, mientras que el equipo de ventas descubre que los clientes están más interesados en cómo el producto puede ahorrar tiempo y reducir costos. Al alinear estos conocimientos, marketing puede ajustar la campaña para resaltar los beneficios económicos, mientras que ventas utiliza materiales técnicos en momentos específicos del ciclo de ventas.

La integración de estrategias de ventas y marketing en un enfoque consultivo no solo aumenta la efectividad de ambas funciones, sino que también mejora la experiencia del cliente y la eficiencia operativa. Al trabajar juntos, ventas y marketing pueden impulsar un crecimiento sostenible y construir una sólida ventaja competitiva.

¿Listo para explorar cómo la tecnología puede mejorar aún más el proceso de ventas consultivas? En el próximo capítulo, veremos cómo utilizar tecnologías emergentes para mejorar su enfoque de ventas y lograr resultados excepcionales. Quédese con nosotros para descubrir herramientas que pueden transformar sus estrategias de ventas consultivas.

USO DE TECNOLOGÍA EN VENTAS CONSULTADAS

La tecnología juega un papel crucial en la modernización de las ventas consultivas, permitiendo una mayor eficiencia, una mejor comunicación y un análisis más profundo. Este capítulo cubre cómo puede integrar tecnologías avanzadas en su estrategia de ventas consultivas para mejorar cada paso del proceso de ventas, desde la prospección hasta el cierre y la posventa.

BENEFICIOS DE LA TECNOLOGÍA EN VENTAS CONSULTADAS

- **Automatización de tareas repetitivas** : la automatización de tareas como la entrada de datos y el seguimiento de correos electrónicos libera tiempo para que los vendedores se concentren en actividades de mayor valor, como desarrollar relaciones con los clientes.

- **Acceso a datos en tiempo real** : herramientas como CRM y análisis de datos brindan información valiosa sobre el comportamiento del cliente, las tendencias de ventas y el rendimiento de la campaña, lo que lo ayuda a tomar decisiones basadas en datos.

- **Mejora de la comunicación** : Las plataformas de comunicación y colaboración mejoran la interacción tanto interna entre equipos como con los clientes, facilitando un intercambio de información más fluido y transparente.

- **Personalización a escala** : las tecnologías de inteligencia artificial y aprendizaje automático permiten la personalización de ofertas para clientes individuales en una escala que antes no era práctica.

TECNOLOGÍAS DE IMPACTO EN VENTAS CONSULTADAS

- **CRM (Customer Relationship Management)** : las herramientas de CRM son esenciales para gestionar las interacciones con los clientes, almacenar información importante y acceder a historiales de interacciones que pueden ser cruciales durante las negociaciones.

- **Inteligencia artificial (IA)** : la IA se puede utilizar para analizar grandes volúmenes de datos de clientes y generar información que ayude a predecir las necesidades de los clientes y personalizar el enfoque de ventas.

- **Automatización de marketing** : esta tecnología le ayuda a crear y gestionar campañas de marketing que nutren clientes potenciales a lo largo del tiempo, ofreciendo contenido personalizado basado en las interacciones y el comportamiento de los clientes.

- **Plataformas de análisis de datos** : las herramientas de análisis le ayudan a comprender mejor los patrones de compra de los clientes, la eficacia de las estrategias de ventas y las áreas de mejora.

- **Herramientas de comunicación y colaboración** : Soluciones como Slack, Microsoft Teams y Zoom facilitan una comunicación rápida y eficaz, fundamental para la coordinación en la venta consultiva.

IMPLEMENTAR TECNOLOGÍA EFECTIVAMENTE

- **Elija las herramientas adecuadas** : evalúe las necesidades específicas de su equipo y elija herramientas que se alineen con sus objetivos estratégicos.

- **Capacitación y adopción** : asegúrese de que su equipo esté capacitado para utilizar nuevas tecnologías de manera eficiente. La resistencia al cambio es común y una capacitación adecuada puede ayudar a mitigar este desafío.

- **Análisis continuo** : utilice los datos recopilados a través de estas tecnologías para revisar y ajustar continuamente sus estrategias, asegurándose de cumplir con las expectativas del cliente y lograr sus objetivos de ventas.

La integración de la tecnología en el proceso de ventas consultivas no solo aumenta la eficiencia, sino que también enriquece la experiencia del cliente y ofrece nuevas oportunidades de personalización y compromiso. Al adoptar y adaptar estas tecnologías, puede ampliar significativamente su capacidad para ofrecer soluciones que satisfagan las complejas necesidades de los clientes modernos.

¿Listo para explorar aún más sobre cómo desarrollar una propuesta de valor clara y convincente? En el próximo capítulo, discutiremos cómo desarrollar y comunicar su propuesta de valor para destacarse en el mercado competitivo. ¡Continúe en este viaje para fortalecer sus habilidades de venta consultiva!

DESARROLLO DE UNA PROPUESTA DE VALOR

La propuesta de valor es fundamental en la venta consultiva, ya que define por qué un cliente debe elegir su empresa frente a otras. Este capítulo explora cómo puede desarrollar y articular una propuesta de valor que resuene profundamente con sus clientes, diferenciando sus soluciones en el mercado competitivo.

LA IMPORTANCIA DE UNA PROPUESTA DE VALOR FUERTE

Una propuesta de valor efectiva:

- **Diferencia tu oferta** : Aclara cómo tu producto o servicio se diferencia de la competencia.

- **Se centra en las necesidades del cliente** : Se centra en cómo se pueden resolver problemas específicos o mejorar la situación del cliente.

- **Aumenta la relevancia de su solución** : Ayuda al cliente a comprender por qué su solución es la mejor opción para sus necesidades.

PASOS PARA DESARROLLAR UNA PROPUESTA DE VALOR EFECTIVA

- **Comprenda a su cliente** : Conozca en profundidad las necesidades, desafíos y deseos de sus clientes. Utilice esta información para crear una propuesta que aborde directamente sus puntos débiles más críticos.

- **Identifica tus diferenciadores** : Determina qué hace que tu oferta sea única en el mercado. Esto puede incluir calidad superior, servicio al cliente excepcional, tecnología innovadora o precios más competitivos.

- **Comunique beneficios claros** : en lugar de centrarse en las características del producto, resalte los beneficios que estas características aportan al cliente.

- **Utilice un lenguaje sencillo y directo** : evite jergas y términos técnicos que puedan confundir o alejar a los clientes. Su propuesta de valor debe ser fácil de entender y recordar.

- Pruebe y perfeccione : presente su propuesta de valor a un pequeño grupo de clientes o colegas para obtener comentarios. Utilice esta información para realizar los ajustes necesarios.

EJEMPLO DE PROPUESTA DE VALOR

Suponga que está vendiendo un sistema CRM avanzado. En lugar de simplemente resaltar características como la automatización de marketing y las integraciones de terceros, su propuesta de valor podría ser: "Nuestro CRM simplifica la gestión de sus relaciones con los clientes, permitiéndole automatizar tareas repetitivas y concentrarse en cerrar más ventas, aumentando los ingresos hasta en un 30% en un año."

COMUNICANDO TU PROPUESTA DE VALOR

Una vez desarrollada, la propuesta de valor debe comunicarse de manera consistente en todos los puntos de contacto con el cliente, incluidos:

- Sitio web : integre la propuesta de valor en su página de inicio, páginas de productos y biografía de la empresa.

- Materiales de marketing : asegúrese de que todos los materiales de marketing, como folletos y anuncios, reflejen claramente su propuesta de valor.

- Argumento de venta : equipe a su equipo de ventas con un discurso claro que resalte su propuesta de valor durante las interacciones con los clientes.

Desarrollar una propuesta de valor clara y convincente es esencial para destacarse en un mercado competitivo y comunicar de manera efectiva el valor que su empresa aporta a sus clientes. Esta propuesta no sólo orienta sus estrategias de marketing y ventas, sino que también sirve como un recordatorio constante de su compromiso de satisfacer las necesidades de los clientes.

¿Listo para el siguiente paso? En el próximo capítulo, exploraremos las mejores prácticas para administrar cuentas para maximizar la retención y satisfacción del cliente. Continúe mejorando sus técnicas de venta consultiva para alcanzar y superar sus objetivos.

ADMINISTRACIÓN DE CUENTAS

La gestión eficaz de las cuentas de los clientes es vital en la venta consultiva, ya que no sólo ayuda a mantener la satisfacción y la fidelidad del cliente, sino que también maximiza las oportunidades de repetición de ventas y ventas adicionales . Este capítulo explora las mejores prácticas de gestión de cuentas que fortalecen las relaciones con los clientes y garantizan una satisfacción continua.

LA IMPORTANCIA DE UNA GESTIÓN EFECTIVA DE CUENTAS

La gestión eficaz de la cuenta le permite:

- **Comprender profundamente las necesidades del cliente** : lo mantiene informado sobre las necesidades y expectativas cambiantes de los clientes, lo que permite realizar ajustes proactivos a las soluciones ofrecidas.

- **Anticipar problemas** : Ayuda a identificar y resolver posibles problemas antes de que afecten negativamente a la relación.

- **Maximizar el valor para el cliente** : Garantiza que el cliente esté aprovechando al máximo los productos o servicios ofrecidos, maximizando su retorno de la inversión.

ESTRATEGIAS PARA LA GESTIÓN DE CUENTAS

- **Segmentación de clientes** : Clasifique a sus clientes en función de varios criterios, como el volumen de ventas, el potencial de crecimiento o la complejidad de las necesidades. Esto le permite personalizar estrategias para diferentes grupos de clientes.

- **Desarrollo de planes de cuentas** : Crear un plan de cuentas para cada cliente importante, detallando estrategias para mantener y expandir estas cuentas. Incluya objetivos específicos, iniciativas planificadas y cronogramas para su revisión.

- **Comunicación regular y personalizada** : Mantenga

líneas de comunicación abiertas con sus clientes. Envíe actualizaciones periódicas sobre nuevos productos, servicios o cambios de la empresa que puedan afectarlos.

- Uso de CRM : emplee sistemas CRM para monitorear las interacciones, administrar la información de contacto y analizar los datos de ventas para comprender mejor las tendencias y comportamientos de los clientes.

- Ofrecer valor adicional : Buscar constantemente formas de agregar valor a la relación, ya sea a través de asesoramiento experto, capacitación adicional o acceso a recursos exclusivos.

TÉCNICAS PARA MEJORAR LA RETENCIÓN DE CLIENTES

- Revisiones periódicas de cuentas : realice revisiones periódicas de cuentas para analizar desafíos, éxitos y áreas de mejora. Utilice estas reuniones para reafirmar el valor que ofrece su empresa.

- Programas de fidelización y recompensas : considere implementar programas que recompensen a los clientes por su lealtad y continuidad del negocio.

- Comentarios y acción : solicite constantemente comentarios de los clientes y, lo más importante, actúe en función de esos comentarios para mejorar sus servicios.

- Habilitación del equipo de cuentas : asegúrese de que todos los miembros del equipo comprendan profundamente los productos, servicios y mercados de los clientes. Invierta en capacitación periódica para mantener a su equipo actualizado y eficaz.

Una gestión de cuentas competente es esencial para el éxito de la venta consultiva, ya que crea una base sólida para relaciones rentables y duraderas. Al implementar estas estrategias, no solo mejorará la satisfacción y retención del cliente, sino que también posicionará a su empresa como un socio valioso y confiable.

En el siguiente capítulo, exploraremos cómo capacitar a su equipo de ventas para que adopte e implemente prácticas de venta consultiva. Quédese con nosotros para descubrir cómo capacitar a su equipo para maximizar su desempeño y contribuir significativamente al éxito de la empresa.

FORMANDO A TU EQUIPO DE VENTAS

El éxito en las ventas consultivas depende no sólo de las estrategias y herramientas utilizadas, sino fundamentalmente de las personas que las implementan. Este capítulo cubre cómo puede capacitar a su equipo de ventas para que adopte e implemente prácticas de venta consultiva, garantizando que todos estén alineados y capacitados para maximizar su desempeño.

LA IMPORTANCIA DE LA FORMACIÓN EN VENTAS CONSULTA

Una formación adecuada proporciona varios beneficios:

- **Mejora la competencia y la confianza** : brinda a los vendedores las habilidades y conocimientos necesarios para enfrentar desafíos de ventas complejos.

- **Estandariza las prácticas** : Garantiza que todos los miembros del equipo adopten un enfoque consistente y alineado con las prácticas de ventas consultivas de la empresa.

– **Fomenta la mejora continua** : la capacitación periódica ayuda a mantener al personal actualizado con las mejores prácticas y tecnologías emergentes.

ELEMENTOS FUNDAMENTALES DE LA FORMACIÓN EN VENTAS CONSULTADAS

- **Fundamentos de la venta consultiva** : asegúrese de que el equipo comprenda profundamente qué es la venta consultiva, incluido en qué se diferencia de la venta tradicional y los beneficios de este enfoque.

- **Desarrollo de habilidades clave** : céntrese en habilidades esenciales como escucha activa, empatía, negociación y resolución de problemas. Utilice juegos de roles y simulaciones para practicar.

- **Uso de CRM y herramientas tecnológicas** : Capacite a su equipo en el uso efectivo de herramientas CRM y otras tecnologías que apoyen el proceso de venta consultiva.

- Capacitación sobre productos/servicios : asegúrese de que todos los miembros del equipo tengan un conocimiento profundo de los productos o servicios ofrecidos para que puedan comunicar valor de manera efectiva a los clientes.

- Gestión de relaciones : enseñar técnicas para construir y mantener relaciones a largo plazo con los clientes, que son vitales para el éxito en la venta consultiva.

IMPLEMENTAR UN PROGRAMA DE FORMACIÓN EFICAZ

- Evaluación de necesidades : comience con una evaluación de las habilidades actuales del equipo e identifique las áreas que necesitan desarrollo.

- Formación personalizada : Adapte la formación a las necesidades específicas de su equipo y los tipos de clientes a los que atiende.

- Retroalimentación y evaluación continua : Incorporar sesiones periódicas de retroalimentación y revisiones de desempeño para monitorear el progreso y realizar ajustes al programa de capacitación según sea necesario.

- Incentivos para el aprendizaje continuo : Establecer un sistema de recompensas para fomentar la participación activa y la aplicación de las habilidades aprendidas.

- Soporte continuo : brinde soporte continuo y recursos de aprendizaje para ayudar al personal a mantener sus habilidades actualizadas y adaptarse a los cambios del mercado y la industria.

Capacitar a su equipo de ventas para implementar la venta consultiva es una inversión que paga dividendos en forma de mejores resultados, mayor satisfacción del cliente y un equipo más comprometido y motivado. Con la capacitación adecuada, su equipo estará mejor equipado para transformar las interacciones de ventas en relaciones de consulta duraderas y fructíferas.

¿Listo para dar el siguiente paso? En el próximo capítulo, discutiremos cómo ajustar su enfoque consultivo a diferentes culturas y mercados, asegurando que su equipo pueda operar de manera efectiva en un entorno global. Quédese con nosotros para ampliar su capacidad de atender a una clientela diversa.

ADAPTACIÓN CULTURAL

La venta consultiva, si bien se centra en gran medida en construir relaciones y personalizar soluciones, debe ser sensible a las variaciones culturales para ser eficaz a nivel mundial. Este capítulo explora cómo adaptar sus estrategias de ventas consultivas para satisfacer las especificidades culturales de diferentes mercados, garantizando una comunicación efectiva y relaciones comerciales exitosas.

LA IMPORTANCIA DE LA SENSIBILIDAD CULTURAL EN LAS VENTAS CONSULTA

La sensibilidad cultural es crucial porque:

- **Mejora la comunicación** : comprender los matices culturales puede ayudarle a evitar malentendidos y comunicar su mensaje de forma más eficaz.

- **Fortalece las relaciones** : mostrar respeto y consideración por las diferencias culturales puede fortalecer la confianza y el respeto mutuos entre usted y sus clientes internacionales.

- **Aumenta la eficacia de las ventas** : Adaptar su enfoque según las expectativas culturales del cliente puede aumentar significativamente las posibilidades de éxito en las ventas.

ESTRATEGIAS PARA ADAPTAR LA VENTA CONSULTA A DIFERENTES CULTURAS

- **Investigación y educación** : antes de ingresar a un nuevo mercado, invierta tiempo en aprender sobre la cultura local, las prácticas comerciales y las preferencias de comunicación. Esto puede incluir estudios formales, consultas con expertos culturales o inmersión directa en el mercado.

- **Personalización de la comunicación** : adapte su estilo y métodos de comunicación para alinearse con las normas culturales del mercado. Por ejemplo, en algunas culturas, las relaciones comerciales comienzan con una extensa conversación no comercial para generar confianza.

- **Ajustar las estrategias de negociación** : comprender y respetar las convenciones de negociación locales, que pueden variar significativamente. En algunas culturas, por ejemplo, hablar directamente sobre el precio puede considerarse de mala educación o insensible.

- **Formación del equipo cultural** : Forme a su equipo de ventas en las especificidades culturales de los mercados en los que operan, garantizando que todos estén preparados para interactuar de forma respetuosa y eficaz con clientes de diferentes orígenes culturales.

- **Comentarios y ajustes continuos** : mantenga líneas abiertas de comunicación con los clientes y socios locales para obtener comentarios periódicos sobre cómo se percibe su enfoque y qué ajustes pueden ser necesarios para mejorar la efectividad.

EJEMPLO PRÁCTICO

Supongamos que su empresa de software se está expandiendo a Japón, un mercado que valora mucho la formalidad y las relaciones a largo plazo. Las adaptaciones pueden incluir el uso de títulos formales, la preparación para reuniones más largas y detalladas y la adopción de un enfoque paciente para generar confianza antes de discutir los detalles contractuales.

Adaptar sus prácticas de ventas consultivas para tener en cuenta las diferencias culturales es esencial para el éxito en un entorno empresarial globalizado. Al desarrollar una comprensión profunda de las preferencias y expectativas culturales de sus clientes internacionales, puede crear estrategias de ventas más efectivas y construir relaciones duraderas y respetuosas.

En el próximo capítulo, exploraremos la ética en la venta consultiva y enfatizaremos cómo mantener altos estándares éticos puede impactar positivamente sus relaciones comerciales y la reputación de su empresa. Quédese con nosotros para aprender cómo integrar profundamente la ética en sus estrategias de ventas consultivas.

ÉTICA Y VENTAS CONSULTADAS

En la venta consultiva, la ética es crucial no sólo para generar y mantener la confianza del cliente, sino también para mantener una reputación positiva y duradera en el mercado. Este capítulo analiza la importancia de mantener altos estándares éticos en la venta consultiva y ofrece pautas para garantizar que sus prácticas comerciales respeten y promuevan la integridad en todas las interacciones.

LA IMPORTANCIA DE LA ÉTICA EN LA VENTAS CONSULTA

La ética en la venta consultiva impacta positivamente en:

- **Confianza del cliente** : un enfoque ético construye una base sólida de confianza, esencial para las relaciones comerciales a largo plazo.

- **Sostenibilidad empresarial** : Las prácticas éticas aseguran que el negocio pueda operar sin enfrentar problemas legales o reputacionales, que podrían comprometer su sostenibilidad.

- **Cultura corporativa** : El compromiso con la ética fortalece la cultura corporativa, atrayendo y reteniendo talento que valora la integridad y la transparencia.

PRÁCTICAS RECOMENDADAS PARA MANTENER LA ÉTICA EN LAS VENTAS CONSULTAS

- **Transparencia total** : Sea siempre claro y honesto acerca de las capacidades y limitaciones de sus productos o servicios. Evite exagerar los beneficios u ocultar información que pueda influir en la decisión del cliente.

- **Respeto a la privacidad del cliente** : Tratar toda la información del cliente con el máximo cuidado y confidencialidad. Siga todas las leyes y regulaciones de protección de datos aplicables.

- **Equidad en las negociaciones** : Garantizar que todas las negociaciones se lleven a cabo de manera justa y que ambas partes se sientan respetadas y valoradas.

- **Responsabilidad social** : Considere el impacto social y ambiental de sus ventas y negocio. Buscar formas de minimizar los impactos negativos y promover beneficios positivos para la sociedad y el medio ambiente.

- **Resolución de conflictos** : Desarrollar mecanismos efectivos para resolver cualquier disputa o desacuerdo que surja de manera justa y equitativa.

ESTRATEGIAS PARA INTEGRAR LA ÉTICA EN LAS OPERACIONES DIARIAS

- **Formación y educación continua** : Proporcionar formación periódica en ética a todo el equipo, destacando casos reales y escenarios hipotéticos para su discusión.

- **Crear un código de conducta** : Desarrollar e implementar un código de conducta que defina claramente las expectativas éticas para todos los involucrados en las ventas y la gestión de clientes.

- **Canales de comunicación abiertos** : Establezca canales donde los empleados puedan informar inquietudes éticas de forma anónima y segura.

- **Seguimiento y evaluación** : Supervisar periódicamente las prácticas de ventas y evaluar el cumplimiento de estándares éticos. Utilice los conocimientos para mejorar continuamente las políticas y procedimientos.

Mantener altos estándares éticos es esencial para el éxito y la integridad de la venta consultiva. Al adoptar prácticas éticas rigurosas, no sólo protege a su empresa de riesgos legales y de reputación, sino que también fomenta un entorno donde pueden florecer relaciones comerciales verdaderamente valiosas.

¿Listo para explorar estrategias de expansión de ventas consultivas? En el siguiente capítulo, analizaremos cómo ampliar sus ventas consultivas a medida que su negocio crece, garantizando que pueda escalar de manera sostenible y efectiva. Quédese con nosotros para conocer más sobre el crecimiento y expansión de las ventas consultivas.

EXPANSIÓN Y CRECIMIENTO

A medida que su negocio de ventas consultivas madura, la expansión estratégica se vuelve esencial para sostener el crecimiento y maximizar el potencial del mercado. Este capítulo explora varias estrategias eficaces para ampliar sus operaciones de ventas consultivas, garantizando que el crecimiento sea sostenible y esté alineado con los valores fundamentales de su negocio.

IMPORTANCIA DE LA EXPANSIÓN ESTRATÉGICA

Una expansión bien planificada puede:

- **Aumentar la base de clientes** : llegar a nuevos mercados y segmentos de clientes puede aumentar significativamente sus ingresos.

- **Diversificar los riesgos** : ampliar su oferta de servicios o productos puede ayudar a mitigar los riesgos asociados con la dependencia de un único mercado o tipo de cliente.

- **Fomentar la innovación** : Entrar en nuevos mercados puede inspirar innovación y mejoras en sus productos o servicios.

ESTRATEGIAS DE EXPANSIÓN PARA VENTAS CONSULTADAS

- **Desarrollo de nuevos productos/servicios** : Identificar oportunidades para desarrollar nuevos productos o servicios que complementen sus ofertas actuales, en función de las necesidades y comentarios de los clientes.

- **Exploración de nuevos mercados geográficos** : Evaluar la viabilidad de ingresar a nuevos mercados geográficos donde sus productos o servicios puedan resolver problemas únicos o llenar vacíos del mercado.

-**Asociaciones y alianzas estratégicas: Formar asociaciones con otras empresas que puedan ofrecer** canales de distribución o bases de clientes complementarios. Esto puede acelerar su acceso a nuevos mercados con menos inversión inicial.

- **Mayor fuerza de ventas** : amplíe su equipo de ventas para soportar un mayor volumen de operaciones e ingresar a nuevos territorios. Contratar vendedores locales puede resultar particularmente eficaz al ingresar a los mercados internacionales.

- **Automatización y escalabilidad** : Invierta en tecnologías que automaticen los procesos de ventas y gestión de clientes, permitiendo a su equipo manejar un mayor volumen de negocios sin comprometer la calidad del servicio.

CONSIDERACIONES AL PLANIFICAR LA AMPLIACIÓN

- **Sostenibilidad financiera** : Asegurar que la expansión no comprometa la salud financiera de la empresa. Planifique cuidadosamente los costos involucrados y considere estrategias de financiamiento si es necesario.

- **Cultura corporativa** : a medida que crece, mantenga la cultura corporativa que respalda la venta consultiva. Esto incluye capacitación continua y comunicación efectiva de los valores y prácticas que definen su negocio.

- **Control de calidad** : Implemente rigurosos procesos de control de calidad para garantizar que la expansión no diluya la calidad de su servicio o producto.

Ampliar sus operaciones de ventas consultivas requiere un enfoque meticuloso y estratégico. Al considerar cuidadosamente cómo y dónde crecer, puede asegurarse de que su expansión no solo aumente sus ganancias, sino que también fortalezca su marca y sus relaciones con los clientes.

¿Listo para mirar hacia el futuro de la venta consultiva? En el próximo capítulo, exploraremos las tendencias futuras y la evolución continua de la venta consultiva, lo que le ayudará a prepararse para los cambios del mercado y mantenerse competitivo. Quédese con nosotros para descubrir cómo mantenerse a la vanguardia en el campo de las ventas consultivas.

EL FUTURO DE LAS VENTAS CONSULTADAS

A medida que avanzamos, el mundo de las ventas continúa evolucionando rápidamente, influenciado por las nuevas tecnologías, los cambios en los comportamientos de los consumidores y las dinámicas cambiantes del mercado. Este último capítulo ofrece información sobre las tendencias futuras en la venta consultiva y cómo puede prepararse para estos cambios, garantizando que su enfoque siga siendo relevante y eficaz.

TENDENCIAS EMERGENTES EN VENTAS CONSULTADAS

- **Inteligencia artificial y aprendizaje automático** : estas tecnologías se están volviendo cada vez más cruciales para analizar grandes volúmenes de datos de clientes y personalizar la experiencia de ventas, ofreciendo recomendaciones precisas e información predictiva.

- **Ventas remotas y virtuales** : Impulsadas por la pandemia global, las ventas remotas seguirán expandiéndose. Esto requiere ajustes en la forma en que se construyen y mantienen las relaciones, con un enfoque cada vez mayor en la eficacia de la comunicación digital.

- **Sostenibilidad y Responsabilidad Social Corporativa (RSC)** : Los consumidores y las empresas prefieren cada vez más socios que demuestren responsabilidad social y ambiental, influyendo en las prácticas de ventas y las ofertas de productos/servicios.

- **Centrarse en la experiencia del cliente** : la experiencia del cliente está en el centro de la venta consultiva y seguirá siendo un área clave de diferenciación e innovación, con empresas que buscan ofrecer soluciones cada vez más integradas y centradas en el usuario.

PREPARARSE PARA EL FUTURO

- **Inversión en educación y formación continua** : Asegúrese de que su equipo esté siempre aprendiendo y adaptándose a nuevas herramientas y técnicas de ventas. La educación continua es esencial para seguir siendo competitivo.

- **Adopción de tecnologías avanzadas** : Manténgase actualizado con las últimas tecnologías y considere cómo pueden integrarse en su estrategia de ventas para mejorar la eficiencia y la personalización.

- **Flexibilidad y adaptación** : Esté preparado para cambiar rápidamente sus estrategias y operaciones en respuesta a los cambios en el mercado y el comportamiento del consumidor.

- **Escucha activa y retroalimentación** : continúe practicando la escucha activa y solicite retroalimentación con regularidad para comprender las necesidades cambiantes de sus clientes.

La venta consultiva no es sólo una metodología, sino una filosofía que antepone la creación de valor genuino para el cliente por encima de todo. Si se mantiene fiel a esta filosofía y adapta sus prácticas a las tendencias emergentes, puede asegurarse de que su enfoque de ventas siga siendo eficaz y relevante, sin importar los cambios que pueda traer el futuro.

Este libro ofrece una guía completa para transformar sus técnicas de ventas desde transacciones simples hasta asociaciones estratégicas duraderas. Esperamos que las estrategias y el conocimiento compartido aquí lo inspiren a continuar su viaje de crecimiento y éxito en la venta consultiva. Gracias por acompañarnos en este enriquecedor viaje.

Al pasar juntos la página final de este viaje, espero sinceramente que los aprendizajes compartidos aquí hayan tocado su corazón y hayan generado nuevas perspectivas. Si este libro le ha aportado algún valor, le pido que se tome unos minutos para dejar una reseña en Amazon. Tus palabras no sólo me ayudan a crecer y perfeccionar mi oficio, sino que también guían a otros lectores en su búsqueda de conocimiento e inspiración. Tu opinión es un regalo valioso, tanto para mí como para la comunidad de lectores que buscan historias que transformen. Sinceramente les agradezco por compartir este viaje conmigo y espero que podamos volver a encontrarnos en las páginas de una nueva aventura.

REGINALDO OSNILDO

Hola, soy Reginaldo Osnildo, autor e innovador en las áreas de ventas, tecnología y estrategias de comunicación. Mi experiencia abarca desde el ámbito académico, como profesor e investigador de la Universidad del Sur de Santa Catarina, hasta el ejercicio como estratega en el Grupo Catarinense de Rádios. Con un doctorado en narrativas de ventas y convergencia digital, y una maestría en narración e imaginario social, ofrezco a mis lectores una fusión única de teoría y práctica. Mi objetivo es aportar conocimientos en un lenguaje sencillo, práctico y didáctico, fomentando su aplicación directa en la vida personal y profesional.

Tuyo sinceramente

Reginaldo Osnildo

+55 48 991913865

reginaldoosnildo@gmail.com